НАЙ-ДОБРИТЕ РЕЦЕПТИ ЗА КАФЕ ГОТВАРСКА КНИГА ЗА ПО-МАЛКО ОТ 5 МИНУТИ

100 ДОМАШНО ПРИГОТВЕНИ РЕЦЕПТИ ЗА КАФЕ И ЕСПРЕСО, КОИТО ИМАТ ТОЧНО ТАКЪВ ВКУС!

АВГУСТ ЛУЛАНКОВ

СЪДЪРЖАНИЕ

МОКА 87

КАФЕ С ПОДПРАВКИ 120

ВЪВЕДЕНИЕ

Защо толкова много обичаме кафето? Е, освен, че е супер вкусно!

Чаша димящо кафе е първото нещо, към което милиони хора посягат всяка сутрин и има множество причини тези хора да го правят ежедневно. Кофеинът в него играе две роли в това защо хората пият кафе. Първо, кофеинът в кафето помага за раздвижване на кръвта на хората и ги кара да се чувстват енергизирани. Работещите рано сутрин са склонни да разчитат на кафето си, за да им помогне да преживеят работния си ден.

Другата причина кофеинът да е причина хората да пият кафе е, че води до пристрастяване. В кафето има много химикали, които придават свойствата му да предизвиква пристрастяване и кофеинът е основният. Спирането на кофеина може да причини главоболие и раздразнителност и много хора предпочитат да не се отказват от кафето.

Кафето се превърна в много социална напитка, подобна по популярност на алкохола. Сутрините в местното кафене са мястото да излизате с приятели или да се срещате, за да обсъдите бизнес. Хората са склонни да пият кафе на тези събирания, независимо дали им харесва или не, което в крайна сметка им помага да развият вкус към него и след това то става пристрастяващо.

Любителите на кафе казват, че пият кафе, за да се отпуснат. Въпреки че това може да изглежда като оксиморон, като се има предвид, че кафето е стимулант, гореща чаша безкофеиново кафе или, за някои хора, дори обикновено кафе може да отпусне сетивата и да им помогне да се отпуснат и да успокоят нервите си. Изследователите приписват успокояващия ефект на стимулирането на сетивата, което подпомага креативността и умствения стимул, който от своя страна помага да се успокоят някои хора.

СТУДЕНО КАФЕ

1. Мокачино с лед

съставки:

- 1/2 чаша сварено еспресо, охладено
- 6 супени лъжици шоколадов сироп
- 1 супена лъжица захар
- 1/2 чаша мляко
- 1 чаша ванилов сладолед или замразено кисело мляко
- 1/4 чаша Тежка сметана, меко разбита

Упътвания

a) Поставете еспресото, шоколадовия сироп, захарта и млякото в блендер и разбийте, за да се комбинират.

b) Добавете сладоледа или киселото мляко и разбъркайте до гладкост.

c) Изсипете сместа в две охладени чаши и поръсете всяка с бита сметана и шоколадови къдрици или прах от канела или какао.

2. Бадемово студено кафе

съставки:

- 1 чаша силно сварено кафе
- 1 чаша обезмаслено мляко
- 1/2 ч. л. ванилов екстракт
- 1/2 ч.л екстракт от бадеми
- 1 ч. л. захар
- Канела за украса
- Топинг за десерт

Упътвания

a) Комбинирайте 1 чаша силно сварено кафе с 1 чаша обезмаслено мляко, екстракта от ванилия, екстракта от бадем и захарта.

b) Изсипете в 2 - 10 унции чаши с лед

c) Гарнирайте с канелата.

3. Кафе с ледена канела

съставки:

- 4 чаши силно кафе (използвайте 2 до 4 чаени лъжички разтворимо към 1 чаша вряща вода
- 1 3" пръчка канела, начупена на малки парченца
- 1/2 чаша Тежка сметана
- Сиропът за кафе има много вкусове. Ванилията би допълнила канелата.

Упътвания

a) Изсипете горещо кафе върху парчета канела; покрийте и оставете да престои около 1 час.

b) Отстранете канелата и разбъркайте в сметаната. Охладете добре.

c) За да сервирате, изсипете в чаши, пълни с лед. Разбъркайте желаното количество сироп от кафе.

d) По желание отгоре с подсладена разбита сметана и се поръсва със смляна канела. Използвайте пръчици канела като бъркалки.

4. Кафе с лед

съставки:

- 2 чаши сварено еспресо
- 1/4 чаша захар
- 1/2 ч.л. смляна канела

Упътвания

a) В тенджера на среден огън задушете всички съставки само за да се разтворят.

b) Поставете сместа в метален съд, покрийте и замразете за поне 5 часа, като разбъркате външната замразена смес в центрирайте на всеки половин час, докато стегне, но не и здраво замръзнало.

c) Непосредствено преди сервиране изстържете сместа с вилица, за да изсветлите консистенцията. Прави 4 (1/2 чаша) порции.

5. Iced Cafe Au Lait

съставки:

- 2 1/4 студено прясно сварено кафе
- 2 чаши мляко
- 2 чаши натрошен лед
- Захар на вкус

Упътвания

a) Смесете всички съставки в блендер.

b) Добавете захарта и продължете да бъркате, докато стане пяна.

c) Изсипете върху лед

d) Сервирайте веднага.

6. Кремообразно ледено кафе

съставки:

- 1 чаша охладено силно сварено кафе
- 2 закръглени супени лъжици сладкарска захар
- 3 чаши нарязан лед

Упътвания

a) Комбинирайте кафето, захарта и леда
b) Блендирайте до кремообразна смес

7. Кафе с ледени подправки

Прави 4 чаши

съставки

- 1/2 чаша едросмляно кафе
- 4 чаши вода със стайна температура
- 1 пръчка канела
- 1 цяло индийско орехче, натрошено
- Мляко или сметана, за сервиране
- Мед или захар, за сервиране

Упътвания

a) Смелете грубо кафето. Използвайте чук, за да намачкате леко пръчицата канела и цялото индийско орехче.

b) В голям съд добавете кафе и подправки и вода със стайна температура или леко топла. Разбъркайте и оставете да престои поне 4 часа или в идеалния случай цяла нощ.

c) Прецедете кафето с помощта на френска преса или го оставете да се отцеди през филтър.

d) Изсипете кафето върху лед и добавете малко подсладител и/или сметана или мляко, ако желаете. Освен това е страхотно черно!

КАФЕ С АЛКОХОЛ

8. Кафе с ром

съставки:

- 12 унции Прясно смляно кафе, за предпочитане шоколадова мента или швейцарски шоколад
- 2 унции Или повече 151 ром
- 1 голяма лъжица бита сметана
- 1 унция Baileys Irish Cream
- 2 супени лъжици шоколадов сироп

Упътвания

a) Прясно смляно кафе.
b) Варете.
c) В голяма чаша поставете 2+ oz. от 151 ром на дъното.
d) Изсипете горещото кафе в чашата до 3/4 нагоре.
e) Добавете ирландския крем Bailey's.
f) Разбъркайте.
g) Отгоре намажете с прясно разбитата сметана и залейте с шоколадовия сироп.

9. Ирландско кафе Kahlua

съставки:

- 2 унции Kahlua или кафе ликьор
- 2 унции Ирландско уиски
- 4 чаши горещо кафе
- 1/4 чаша сметана , разбита

Упътвания

a) Изсипете половин унция кафеен ликьор във всяка чаша. Добавете половин унция ирландско уиски към всяка

b) чаша. Изсипете прясно сварено горещо кафе, разбъркайте. Лъжица две купчинки

c) супена лъжица разбита сметана върху всяка. Сервирайте горещ, но не толкова горещ, че да опърлите устните си.

10. Ирландско капучино на Бейли

съставки:

- 3 унции Ирландски крем на Бейли
- 5 унции Горещо кафе -
- Топинг от консерва за десерт
- 1 тире индийско орехче

Упътвания

a) Изсипете Bailey's Irish Cream в чаша за кафе.

b) Напълнете с горещо черно кафе. Отгоре намажете с един спрей топинг за десерт.

c) Поръсете десертния топинг със щипка индийско орехче

11. Бренди кафе

съставки:

- 3/4 чаша горещо силно кафе
- 2 унции бренди
- 1 ч.л. Захар
- 2 унции Тежка сметана

Упътвания

a) Изсипете кафето във висока чаша. Добавете захарта и разбъркайте, за да се разтвори.

b) Добавете брендито и разбъркайте отново. Изсипете сметаната върху гърба на чаена лъжичка, докато я държите, малко над върха на кафето в чашата. Това му позволява да плава.

c) Сервирайте.

12. Калуа и шоколадов сос

съставки:

- 6 чаши горещо кафе
- 1 чаша шоколадов сироп
- 1/4 чаша Калуа
- $\frac{1}{8}$ ч. л. смляна канела
- Бита сметана

Упътвания

a) Комбинирайте кафе, шоколадов сироп, Kahlua и канела в голям съд; разбъркайте добре.

b) Сервирайте веднага. Отгоре намажете с разбита сметана.

13. Домашен ликьор за кафе

съставки:

- 4 чаши захар
- 1/2 чаша разтворимо кафе - използвайте филтрирана вода
- 3 чаши вода
- 1/4 ч.л. Сол
- 1 1/2 чаша водка, силно устойчива
- 3 супени лъжици ванилия

Упътвания

a) Комбинирайте захар и вода; варете, докато захарта се разтвори. Намалете котлона, за да къкри и оставете да къкри 1 час.

b) ОСТАВЕТЕ ДА ИЗСТИНЕ.

c) Разбъркайте водката и ванилията.

14. Kahlua бренди кафе

съставки:

- 1 унция Kahlua
- 1/2 унция бренди
- 1 чаша горещо кафе
- Бита сметана за гарнитура

Упътвания

a) Добавете Kahlua и бренди към кафето

b) Гарнирайте с разбитата сметана

15. Лайм Текила Еспресо

съставки:

- Двойна доза еспресо
- 1 шот бяла текила
- 1 пресен лайм

Упътвания

a) Прокарайте резен лайм около ръба на чаша за еспресо.
b) Изсипете двойна доза еспресо върху лед.
c) Добавете една чаша бяла текила
d) Сервирайте

16. Подсладено бренди кафе

съставки:

- 1 чаша прясно сварено кафе
- 1 унция Кафеен ликьор
- 1ч.л. шоколадов сироп
- 1/2 унция Бренди
- 1 тире канела
- Сладка бита сметана

Упътвания

a) Комбинирайте ликьор от кафе, бренди, шоколадов сироп и канела в чаша. Напълнете с прясно сварено кафе.

b) Отгоре намажете с разбита сметана.

17. Кафе за вечеря

съставки:

- 3 чаши много горещо безкофеиново кафе
- 2 супени лъжици захар
- 1/4 чаша светъл или тъмен ром

Упътвания

a) Комбинирайте много горещо кафе, захар и ром в загрят съд.

b) Удвоете колкото е необходимо.

18. Сладко кленово кафе

съставки:

- 1 чаша Половин и половина
- 1/4 чаша кленов сироп
- 1 чаша горещо сварено кафе
- Подсладена бита сметана

Упътвания

a) Сварете половин и половина и кленов сироп в тенджера на среден огън. Разбърквайте непрекъснато, докато се загрее напълно. Не позволявайте сместа да заври.

b) Разбъркайте с кафе и сервирайте с подсладена сметана.

19. Дъблин Мечта

съставки:

- 1 супена лъжица разтворимо кафе
- 1 1/2 супени лъжици разтворим горещ шоколад
- 1/2 унция Ирландски крем ликьор
- 3/4 чаша вряща вода
- 1/4 чаша бита сметана

Упътвания

a) В чаша за ирландско кафе поставете всички съставки с изключение на разбитата сметана.

b) Разбъркайте, докато се смесят добре и гарнирайте с бита сметана.

20. Кафе Ди Сароно

съставки:

- 1 унция Di saronno amaretto
- 8 унции кафе
- Бита сметана

Упътвания

a) Смесете Di Saronno Amaretto с кафе, след което отгоре намажете с бита сметана.
b) Сервирайте в чаша за ирландско кафе.

21. Баха кафе

съставки:

- 8 чаши гореща вода
- 3 супени лъжици разтворимо кафе на гранули
- 1/2 чаша кафе ликьор
- 1/4 чаша ликьор Crème de Cacao
- 3/4 чаша бита сметана
- 2 супени лъжици полусладък шоколад, настърган

Упътвания

a) В уреда за бавно готвене комбинирайте гореща вода, кафе и ликьори.

b) Покрийте и загрейте на НИСКО 2-4 часа. Разлейте в чаши или термоустойчиви чаши.

c) Отгоре поръсете с разбита сметана и настърган шоколад.

22. Пралине кафе

съставки:

- 3 чаши горещо сварено кафе
- 3/4 чаши Половин и половина
- 3/4 чаши здраво опакована кафява захар
- 2 супени лъжици масло или маргарин
- 3/4 чаша ликьор Пралине
- Подсладена бита сметана

Упътвания

a) Гответе първите 4 съставки в голяма тенджера на среден огън, като разбърквате непрекъснато, докато се загреят напълно , не кипвайте.

b) Разбъркайте ликьора; сервирайте с разбита подсладена сметана.

23. Пралине ликьор

съставки:

- 2 чаши тъмнокафява захар - плътно опаковани
- 1 чаша бяла захар
- 2 1/2 чаши вода
- 4 чаши парчета пекан
- 4 зърна ванилия, нарязани по дължина
- 4 чаши водка

Упътвания

a) Комбинирайте кафява захар, бяла захар и вода в тенджера на среден огън, докато сместа започне да кипи. Намалете топлината и оставете да къкри 5 минути.

b) Поставете ванилови зърна и пекани в голям стъклен буркан (тъй като това прави 4 1/2 чаши. Изсипете гореща смес в буркана и оставете да изстине. Добавете водка

c) Затворете плътно и съхранявайте на тъмно място. Обръщайте буркана всеки ден през следващите 2 седмици, за да запазите всички съставки комбинирани. След 2 седмици прецедете сместа, като изхвърлите твърдите частици.

24. Кафе "Амарето"

съставки:

- 1 1/2 чаши топла вода
- 1/3 чаша амарето
- 1 супена лъжица разтворимо кафе на кристали
- Топинг от бита сметана

Упътвания

a) Разбъркайте заедно вода и кристали разтворимо кафе в съд за микровълнова фурна.

b) Микровълнова фурна без капак, на 100% мощност за около 3 минути или само докато стане гореща на пара.

c) Разбъркайте Амарето. Сервирайте в прозрачни стъклени чаши. Покрийте всяка чаша от сместа за кафе с малко десертен топинг.

25. Кафе Au Cin

съставки:

- 1 чаша студено силно френско печено кафе
- 2 супени лъжици гранулирана захар
- тире Канела
- 2 унции Тони порт
- 1/2 ч. л. настъргана портокалова кора

Упътвания

a) Комбинирайте и разбъркайте в блендер на висока скорост.
b) Налейте в охладени чаши за вино.

26. Капучино с шипове

съставки:

- 1/2 чаша Половин и половина
- 1/2 чаша прясно приготвено еспресо
- 2 супени лъжици бренди
- 2 супени лъжици бял ром
- 2 супени лъжици тъмен крем от какао
- захар

Упътвания

a) Разбийте половината и половина в малка тенджера на силен огън, докато стане пенлива, около 3 минути.

b) Разпределете еспресо кафе между 2 чаши. Във всяка чаша добавете половината бренди и половината какаов крем.

c) Разбийте отново наполовина и изсипете в чаши.

d) Захарта не е задължителна

27. галско кафе

съставки:

- Черно кафе; прясно приготвен
- шотландско уиски
- Сурова кафява захар
- Истинска бита сметана; разбити до леко сгъстяване

Упътвания

a) Изсипете кафето в затоплена чаша.

b) Добавете уискито и кафявата захар на вкус. Разбъркайте добре.

c) Изсипете малко леко разбита сметана в чашата върху гърба на чаена лъжичка, която е точно над горната част на течността в чашата.

d) Трябва да плува малко.

28. Канадско кафе

съставки:

- 1/4 чаша кленов сироп; чисто
- 1/2 чаша ръжено уиски
- 3 чаши кафе; горещ, черен, двойна сила

Топинг:

- 3/4 чаша сметана за разбиване
- 4 супени лъжици чист кленов сироп

Упътвания

a) Топинг – Разбийте 3/4 чаша бита сметана с 4 чаени лъжички кленов сироп, докато образува мека купчина.

b) Разпределете кленов сироп и уиски в 4 предварително затоплени термоустойчиви стъклени чаши.

c) Налейте кафе до 1 инч отгоре.

d) Лъжица заливка върху кафе.

e) Сервирайте

29. Немско кафе

съставки:

- 1/2-унция черешово бренди
- 5 унции прясно черно кафе
- 1 чаена лъжичка захар разбита сметана
- Мараскино череша

Упътвания

a) Изсипете кафето и черешовото бренди в чаша за кафе и добавете захарта за подслаждане.

b) Отгоре намажете с бита сметана и череша мараскино.

30. датско кафе

съставки:

- 8 с Горещо кафе
- 1 с Тъмен ром
- 3/4 с Захар
- 2 пръчици канела
- 12 скилидки (цели)

Упътвания

a) В много голяма тежка тенджера комбинирайте всички съставки, покрийте и оставете на слаб огън за около 2 часа.

b) Сервирайте в чаши за кафе.

31. Ирландско кафе Shooter Milkshake

съставки:

- 1/2 чаши обезмаслено мляко
- 1/2 чаши обикновено нискомаслено кисело мляко
- 2 ч.л. Захар
- 1 ч.л. разтворимо кафе на прах
- 1 ч.л. ирландско уиски

Упътвания

a) Поставете всички съставки в блендер на ниска скорост.

b) Блендирайте, докато видите, че съставките ви са включени една в друга.

c) Използвайте висока шейк чаша за презентация.

32. Добрият стар ирландски

съставки:

- 1,5 унции ирландски крем ликьор
- 1,5 унции ирландско уиски
- 1 чаша горещо сварено кафе
- 1 супена лъжица бита сметана
- 1 щипка индийско орехче

Упътвания

a) В чаша за кафе комбинирайте Irish cream и The Irish Whiskey.

b) Напълнете чаша с кафе. Отгоре намажете с купчица бита сметана.

c) Гарнирайте с малко индийско орехче.

33. Ирландско кафе Bushmills

съставки:

- 1 1/2 унции ирландско уиски Bushmills
- 1 чаена лъжичка кафява захар (по избор)
- 1 тире Crème de menthe, зелено
- Екстра силно прясно кафе
- Бита сметана

Упътвания

a) Изсипете уиски в чаша за ирландско кафе и напълнете до 1/2 инча отгоре с кафе. Добавете захар на вкус и разбъркайте. Отгоре намажете с бита сметана и намажете отгоре с крем дьо менте.

b) Потопете ръба на чашата в захар, за да покриете ръба.

34. Силно ирландско кафе

съставки:

- 1 чаша силно кафе
- 1 1/2 унция Ирландско уиски
- 1 ч.л. Захар
- 1 супена лъжица бита сметана

Упътвания

a) Смесете кафе, захар и уиски в голяма чаша за микровълнова фурна.

b) Микровълнова на висока мощност 1 до 2 минути. Отгоре намажете с разбита сметана

c) Внимавайте, когато пиете, може да се нуждае от момент, за да се охлади.

35. Кремообразно ирландско кафе

съставки:

- 1/3 чаша ирландски крем ликьор
- 1 1/2 чаши прясно сварено кафе
- 1/4 чаша Тежка сметана, леко подсладена и разбита

Упътвания

a) Разпределете ликьора и кафето между 2 чаши.
b) Отгоре намажете с разбита сметана.
c) Сервирайте.

36. Старомодно ирландско кафе

съставки:

- 3/4 чаша топла вода
- 2 супени лъжици ирландско уиски
- Топинг за десерт
- 1 1/2 лъжици разтворимо кафе на кристали
- Кафява захар на вкус

Упътвания

a) Комбинирайте вода и кристали разтворимо кафе. Микровълнова, без капак, включена

b) 100% мощност около 1 1/2 минути или само докато стане гореща на пара. Разбъркайте ирландското уиски и кафявата захар.

37. Латетини

съставки:

● Крем ликьор от 1 част
● $1\frac{1}{2}$ части водка

Упътвания

a) Разклатете с лед и прецедете в чаша за мартини .

b) Наслади се

MOKA

38. Студено мока капучино

съставки:

- 1 супена лъжица шоколадов сироп
- 1 чаша горещо двойно еспресо или много силно кафе
- 1/4 чаша Половин и половина
- 4 кубчета лед

Упътвания

a) Разбъркайте шоколадовия сироп в горещото кафе, докато се разтопи. В блендер смесете кафето с половината и кубчетата лед.

b) Блендирайте на висока скорост за 2 до 3 минути.

c) Сервирайте веднага във висока, студена чаша.

39. Оригинално студено кафе

съставки:

- 1/4 чаша кафе; разтворими, обикновени или безкофеинови
- 1/4 чаша захар
- 1 литър или литър студено мляко

Упътвания

a) Разтворете разтворимото кафе и захарта в гореща вода. Разбъркайте 1 литър или литър студено мляко и добавете лед. За вкус на мока използвайте шоколадово мляко и добавете захар на вкус.

b) Разтворете 1 супена лъжица разтворимо кафе и 2 чаени лъжички захар в 1 супена лъжица гореща вода.

c) Добавете 1 чаша студено мляко и разбъркайте.

d) Можете да подсладите с нискокалоричен подсладител вместо захар

40. Кафе с вкус на мока

съставки:

- 1/4 чаша безмлечна сметана суха
- 1/3 чаша захар
- 1/4 чаша сухо разтворимо кафе
- 2 супени лъжици какао

Упътвания

a) Поставете всички съставки в миксер, разбийте на висока степен, докато се смесят добре. Смесете 1 1/2 супени лъжици с чаша гореща вода.

b) Съхранявайте в херметически затворен буркан. Като буркан за консервиране.

41. Пикантна мексиканска мока

съставки:

- 6 унции силно кафе
- 2 супени лъжици пудра захар
- 1 супена лъжица неподсладен смлян шоколад на прах
- 1/4 чаена лъжичка виетнамска касия канела
- 1/4 чаена лъжичка ямайски бахар
- 1/8 чаена лъжичка лют червен пипер
- 1-3 супени лъжици плътен крем или половин и половина

Упътвания

a) В малка купа смесете всички сухи съставки заедно.
b) Изсипете кафето в голяма чаша, разбъркайте какаовия микс, докато сместа стане гладка.
c) След това добавете сметаната на вкус.

42. Шоколадово кафе

съставки:

- 2 супени лъжици разтворимо кафе
- 1/4 чаша захар
- 1 тире сол
- 1 унция Квадратчета неподсладен шоколад
- 1 чаша вода
- 3 чаши мляко
- Бита сметана

Упътвания

a) В тенджера комбинирайте кафе, захар, сол, шоколад и вода; разбърквайте на слаб огън, докато шоколадът се разтопи. Оставете да къкри 4 минути, като бъркате непрекъснато.

b) Постепенно добавете млякото, като бъркате непрекъснато, докато се загрее.

c) Когато е гореща, отстранете от котлона и разбийте с въртяща се бъркалка, докато сместа стане пенлива.

d) Изсипете в чаши и нанесете по една купчица разбита сметана върху повърхността на всяка.

43. Ментово мока кафе

съставки:

- 6 чаши прясно сварено кафе
- 1 1/2 чаши мляко
- 4 унции полусладък шоколад
- 1 чаена лъжичка екстракт от мента
- 8 ментови пръчици

Упътвания

a) Поставете кафето, млякото, шоколада в голяма тенджера на слаб огън за 5-7 минути или докато шоколадът се разтопи, сместа се загрее, разбърквайте от време на време.

b) Разбъркайте екстракта от мента

c) Налейте в чаши

d) Гарнирайте с пръчица мента

44. Мока италианско еспресо

съставки:

- 1 чаша разтворимо кафе
- 1 чаша захар
- 4 1/2 чаши обезмаслено сухо мляко
- 1/2 чаша какао

Упътвания

a) Разбъркайте всички съставки заедно.

b) Обработете в блендер, докато стане на прах.

c) Използвайте 2 супени лъжици към една малка чаша гореща вода.

d) Сервирайте в чаши за еспресо

e) Прави около 7 чаши смес

f) Съхранявайте в буркан с плътен капак.

g) Бурканите за консервиране работят добре за съхранение на кафе.

45. Шоколадови кафета

съставки:

- 1/4 чаша разтворимо еспресо
- 1/4 чаша разтворимо какао
- 2 чаши вряща вода - най-добре е да използвате вода, която е филтрирана
- Бита сметана
- Ситно настъргана портокалова кора или смляна канела

Упътвания

а) Комбинирайте кафе и какао. Добавете вряща вода и разбъркайте, за да се разтвори. Изсипете в чаши демитас. Покрийте всяка порция с бита сметана, настъргана портокалова кора и щипка канела.

46. Шоколадово кафе Амарето

съставки:

- Кафе на зърна амарето
- 1 супена лъжица екстракт от ванилия
- 1 чаена лъжичка екстракт от бадем
- 1 ч. л. какао на прах
- 1 ч.л. Захар
- Разбита сметана за украса

Упътвания

a) Сварете кафе.
b) Добавете екстракт от ванилия и бадем
   1 ч. л. какао и 1 ч. л. захар на чаша.
c) Гарнирайте с бита сметана

47. Шоколадово ментово кафе

съставки:

- 1/2 чаша горещо кафе
- 2 супени лъжици ликьор Crème de Cacao
- 1 лъжица ментов шоколадов сладолед

Упътвания

a) За всяка порция комбинирайте 1/2 чаша кафе и 2 супени лъжици

b) s от ликьора.

c) Отгоре поставете топка сладолед.

48. Какаово кафе

съставки:

- 1/4 чаша безмлечна сметана на прах
- 1/3 чаша захар
- 1/4 чаша сухо разтворимо кафе
- 2 супени лъжици какао

Упътвания

a) Поставете всички съставки в блендер, разбийте на висока степен, докато се смесят добре.

b) Съхранявайте в херметически затворен консервен буркан.

c) Смесете 1 1/2 супени лъжици с 3/4 чаша гореща вода

49. Какао Лешник Мока

съставки:

- 3/4 унция Калуа

- 1/2 чаша горещо лешниково кафе

- 1ч.л. Nestle Quick
- 2 супени лъжици половин и половина

Упътвания

a) Комбинирайте всички съставки в любимата си куб .
b) S разбърквам

50. Шоколадово ментово кафе

съставки:

- 1/3 чаша смляно кафе
- 1 ч.л. Шоколадов екстракт
- 1/2 чаена лъжичка екстракт от мента
- 1/4 чаена лъжичка екстракт от ванилия

Упътвания

a) Поставете кафето в блендер.
b) В чаша комбинирайте екстракти, добавете екстракти към кафето.
c) Обработвайте, докато се смесят, само няколко секунди.
d) Съхранявайте в хладилник

51. Кафе Au Lait

съставки:

- 2 чаши мляко
- 1/2 чаша Тежка сметана

- 6 чаши кафе Луизиана

Упътвания

a) Комбинирайте мляко и сметана в тенджера; оставете да заври (ще се образуват мехурчета около ръба на тигана), след което отстранете от огъня.

b) Налейте малко количество кафе във всяка чаша за кафе.

c) Изсипете останалото кафе и горещата млечна смес заедно, докато чашите са пълни около 3/4.

d) Обезмасленото мляко може да замени пълномасленото мляко и сметаната.

52. Италианско кафе с шоколад

съставки:

- 2 чаши горещо силно кафе
- 2 чаши горещо традиционно какао - опитайте марката Hershey's
- Бита сметана
- Настъргана портокалова кора

Упътвания

a) Комбинирайте 1/2 чаша кафе и 1/2 чаша какао във всяка от 4-те чаши.

b) Отгоре намажете с бита сметана; поръсете с настъргана портокалова кора.

53. Полусладка мока

съставки:

- 4 унции. Полусладък шоколад
- 1 супена лъжица захар
- 1/4 чаша сметана за разбиване
- 4 чаши горещо силно кафе
- Бита сметана
- Настъргана портокалова кора

Упътвания

a) Разтопете шоколада в тежка тенджера на слаб огън.

b) Разбъркайте захарта и разбийте сметаната.

c) Разбийте кафето с помощта на бъркалка, 1/2 чаша наведнъж; продължете докато стане пяна.

d) Отгоре намажете с разбита сметана и поръсете с настъргана портокалова кора.

КАФЕ С ПОДПРАВКИ

54. Портокалово кафе с подправки

съставки:

- 1/4 чаша смляно кафе
- 1 супена лъжица настъргана портокалова кора
- 1/2 чаена лъжичка екстракт от ванилия
- 1 1/2 пръчици канела

Упътвания

a) Поставете кафето и портокаловата кора в блендер или кухненски робот.

b) Спрете процесора достатъчно дълго, за да добавите ванилията.

c) Обработете още 10 секунди.

d) Поставете сместа в стъклена кана с пръчиците канела и охладете.

55. Сметана за кафе с подправки

съставки:

- 2 чаши Нестле бързо
- 2 чаши сметана за кафе на прах
- 1/2 чаши пудра захар
- 3/4 ч. л. канела
- 3/4 ч.л. индийско орехче

Упътвания

a) Смесете всички съставки заедно и съхранявайте в херметически затворен буркан.

b) Смесете 4 ч.л. с една чаша гореща вода

56. Кафе с подправки с кардамон

съставки:

- 3/4 чаша смляно кафе
- 2 2/3 чаши вода
- Смлян кардамон
- 1/2 чаша подсладено кондензирано мляко

Упътвания

a) Пригответе кафе в капков стил или перколаторна кафемашина.
b) Налейте в 4 чаши.
c) Към всяка порция добавете щипка кардамон и 2 супени лъжици кондензирано мляко.
d) Разбъркайте
e) Сервирайте

57. Кафе де Ола

съставки:

- 8 чаши филтрирана вода
- 2 малки пръчици канела
- 3 цели скилидки
- 4 унции тъмнокафява захар
- 1 квадрат полусладък шоколад или мексикански шоколад
- 4 унции смляно кафе

Упътвания

a) Оставете водата да заври.
b) Добавете канелата, карамфила, захарта и шоколада.
c) Оставете отново да заври, отстранете пяната.
d) Намалете котлона на ниска степен и НЕ ДОПУСКАЙТЕ ДА КИПИ
e) Добавете кафето и оставете да се накисва за 5 минути.

58. Кафе ванилия и бадем

съставки:

- 1/3 чаша смляно кафе
- 1 чаена лъжичка екстракт от ванилия
- 1/2 чаена лъжичка екстракт от бадем
- 1/4 чаена лъжичка семена от анасон

Упътвания

a) Поставете кафето в блендер
b) Комбинирайте останалите съставки в отделна чаша
c) Добавете екстракта и семената към кафето в блендера
d) Обработвайте, докато се комбинират
e) Използвайте сместа както обикновено, когато приготвяте кафе
f) Прави порции от 8-6 унции
g) Съхранявайте неизползваната част в хладилник

59. Арабска Ява

съставки:

- 1 пинта филтрирана вода
- 3 супени лъжици кафе
- 3 супени лъжици захар
- 1/4 чаена лъжичка канела
- 1/4 чаена лъжичка кардамон
- 1 чаена лъжичка ванилия или ванилова захар

Упътвания

a) Смесете всички съставки в тенджера и загрейте, докато се събере пяна отгоре.
b) Не преминавайте през филтър.
c) Разбъркайте преди сервиране

60. Медено кафе

съставки:

- 2 чаши прясно кафе
- 1/2 чаша мляко
- 4 супени лъжици мед
- 1/8 ч. л. канела
- Тире индийско орехче или бахар
- Капка или 2 ванилов екстракт

Упътвания

a) Загрейте съставките в тенджера, но не кипете.
b) Разбъркайте добре, за да се комбинират съставките.
c) Вкусно десертно кафе.

61. Кафе Виена Желание

съставки:

- 1/2 чаша разтворимо кафе
- 2/3 чаша захар
- 2/3 чаша обезмаслено захранвано мляко
- 1/2 ч. л. канела
- 1 щипка карамфил - нагласете на вкус
- 1 щипка бахар - нагласете на вкус
- 1 щипка индийско орехче - нагласете на вкус

Упътвания

a) Смесете всички съставки заедно
b) Използвайте блендер, за да смесите в много фин прах. Използвайте 1 супена лъжица на чаша гореща филтрирана вода.

62. Кафе с подправки с канела

съставки:

- 1/3 чаша разтворимо кафе
- 3 супени лъжици захар
- 8 цели скилидки
- 3 инча пръчка канела
- 3 чаши вода
- Бита сметана
- Мляна канела

Упътвания

a) Комбинирайте 1/3 чаша разтворимо кафе, 3 супени лъжици захар, карамфил, пръчка канела и вода.

b) Покрийте, оставете да заври. Отстранете от котлона и оставете да престои, покрито, около 5 минути, за да се накисне.

c) Прецедете. Разсипете в чаши и всяка отгоре намажете с лъжица разбита сметана. Добавете щипка канела.

63. Еспресо с канела

съставки:

- 1 чаша студена вода
- 2 супени лъжици Смляно кафе еспресо
- 1/2 пръчка канела (3" дълга)
- 4 ч. л. какаов крем
- 2 ч.л ракия
- 2 супени лъжици сметана за разбиване, охладена Настърган полусладък шоколад за гарниране

Упътвания

a) Използвайте вашата еспресо машина за него или наистина силно кафе с малко количество филтрирана вода.

b) Начупете пръчица канела на малки парченца и добавете към горещото еспресо.

c) Оставете да се охлади 1 минута.

d) Добавете какаовия крем и брендито и разбъркайте внимателно. Изсипете в демитасе

e) Чаши. Разбийте сметаната и нанесете малко сметана върху всяка чаша. Гарнирайте с настърган шоколад или шоколадови къдрици.

64. Мексиканско кафе с подправки

съставки:

- 3/4 чаша кафява захар, здраво опакована
- 6 скилидки
- 6 резена жулиен портокалова кора
- 3 пръчици канела
- 6 супени лъжици sp. Истинско сварено кафе

Упътвания

a) В голяма тенджера загрейте 6 чаши вода с кафявата захар, пръчиците канела и карамфила на умерено силен огън, докато сместа стане гореща, но не я оставяйте да заври. Добавете кафето, оставете сместа да заври, като разбърквате от време на време, за 3 минути.

b) Прецедете кафето през ситна цедка и сервирайте в чаши за кафе с портокаловата кора.

65. Виетнамско кафе с яйца

съставки:

- 1 яйце
- 3 супени лъжици виетнамско кафе на прах
- 2 супени лъжици подсладено кондензирано мляко
- Вряща вода

Упътвания

a) Сварете малка чаша виетнамско кафе.

b) Разбийте едно яйце и изхвърлете белтъците.

c) Сложете жълтъка и подсладеното кондензирано мляко в малка, дълбока купа и разбийте енергично, докато се получи пенлива, пухкава смес като тази по-горе.

d) Добавете една супена лъжица от свареното кафе и го разбийте.

e) В прозрачна чаша за кафе изсипете свареното кафе и след това добавете пухкавата яйчена смес отгоре.

66. турско кафе

съставки:

- 3/4 чаша вода
- 1 супена лъжица захар
- 1 супена лъжица кафе на прах
- 1 шушулка кардамон

Упътвания

a) Оставете водата и захарта да заврат.

b) Свалете от огъня-добавете кафе и кардамон

c) Разбъркайте добре и върнете на котлона.

d) Когато кафето се разпени, отстранете от огъня и оставете утайката да се утаи.

e) Повторете още два пъти. Налива се в чаши.

f) Утайката от кафе трябва да се утаи преди пиене.

g) Можете да поднесете кафето със шушулката кардамон в чашата - по ваш избор

Съвети за турско кафе

h) Винаги трябва да се сервира с пяна отгоре

i) Можете да поискате вашето кафе да бъде смляно за турско кафе - то е с консистенция на прах.

j) Не разбърквайте след наливане в чаши, тъй като пяната ще се свие

k) Винаги използвайте студена вода, когато приготвяте

l) Към турското кафе никога не се добавя сметана или мляко; захарта обаче не е задължителна

67. Лате с подправки от тиква

съставки:

- 2 супени лъжици консерва тиква
- 1/2 чаена лъжичка подправка за тиквен пай, плюс още за гарниране
- Прясно смлян черен пипер
- 2 супени лъжици захар
- 2 супени лъжици чист екстракт от ванилия
- 2 чаши пълномаслено мляко
- 1 до 2 чаши еспресо, около 1/4 чаша
- 1/4 чаша тежка сметана, разбита до образуване на твърди върхове

Упътвания

a) Загрейте тиквата и подправките: В малка тенджера на среден огън гответе тиквата с подправките за тиквен пай и щедра порция черен пипер за 2 минути или докато стане гореща и замирише на готвено. Бъркайте непрекъснато.

b) Добавете захарта и разбъркайте, докато сместа заприлича на мехурчест гъст сироп.

c) Разбийте млякото и ваниловия екстракт. Затоплете леко на среден

огън, като наблюдавате внимателно да
не изкипи.

d) Внимателно обработете млечната смес
с ръчен блендер или в традиционен
блендер (дръжте капака плътно надолу
с дебела пачка кърпи!), докато стане на
пяна и се смеси.

e) Смесете напитките: Направете еспресо
или кафе и разпределете между две
чаши и добавете разбито мляко.

f) Отгоре намажете с бита сметана и по
желание поръсете с подправки за
тиквен пай, канела или индийско
орехче.

68. Карамелено лате

съставки:

- 2 унции еспресо
- 10 унции мляко
- 2 супени лъжици домашно приготвен карамелен сос плюс още за заливане
- 1 супена лъжица захар (по желание)

Упътвания

a) Изсипете еспресото в чаша.

b) Поставете млякото в широко стъкло или стъклен буркан и го загрейте в микровълнова фурна за 30 секунди, докато стане много горещо, но не завира.

c) Като алтернатива загрейте млякото в тенджера на среден огън за около 5 минути, докато стане много горещо, но не завира, като го наблюдавате внимателно.

d) Към горещото мляко добавете карамелления сос и захарта (ако ползвате) и разбъркайте докато се разтворят.

e) С помощта на разпенител разпенете млякото, докато не видите мехурчета и получите гъста пяна, 20 до 30 секунди. Завъртете чашата и я почукайте леко върху плота многократно, за да пукнете по-големите мехурчета. Повторете тази стъпка, ако е необходимо.

f) С помощта на лъжица, за да задържите пяната, изсипете млякото в еспресото. Отгоре с лъжица сипете останалата пяна.

ФРАПУЧИНО И КАПУЧИНО

69. Карамел Фрапучино

съставки:

- 1/2 чаша студено кафе
- 3 супени лъжици захар
- 1/2 чаша мляко
- 2 чаши лед
- Бита сметана - използвайте консервираната сметана, която можете да шприцовате отгоре
- 3 супени лъжици карамелен сос

Упътвания

a) Комбинирайте всички съставки в блендер
b) Смесете напитката, докато ледът се натроши и напитката стане гладка
c) Сервирайте в охладени чаши за кафе с бита сметана и залят отгоре карамелен сос.

70. Фрапучино с малини

съставки:

- 2 чаши натрошени кубчета лед
- 1 1/4 чаши - изключително силно сварено кафе
- 1/2 чаша мляко
- 2 супени лъжици ванилов или малинов сироп
- 3 супени лъжици шоколадов сироп
- Бита сметана

Упътвания

a) Смесете кубчета лед, кафе, мляко и сиропи в блендер.
b) Блендирайте до гладкост.
c) Изсипете в охладени високи чаши за сервиране или чаши за газирани напитки.
d) Отгоре намажете с бита сметана, намажете отгоре с шоколад и малинов сироп.
e) По желание добавете череша мараскино

71. Кафе млечен шейк

съставки:

- 2 чаши мляко
- 2 супени лъжици захар
- 2 ч.л. разтворимо кафе
- 3 супени лъжици ванилов сладолед
- Силно кафе, което е студено

Упътвания

a) Добавете всички съставки в блендера в посочения ред и разбъркайте на висока скорост, докато смесен.

b) Сервирайте в чаши за газирани напитки.

72. Мока фрапе

съставки:

- 18 кубчета лед (до 22)
- 7 унции Двойно силно кафе, охладено
- 1/2 чаша шоколадов сос (или сироп)
- 2 супени лъжици ванилов сироп
- Бита сметана

Упътвания

a) Използвайте блендер.

b) Поставете лед, кафе, шоколадов сос и сироп в блендера. Блендирайте до гладка смес. Изсипете в голяма, висока, охладена чаша за сода.

c) Гарнирайте с топка бита сметана или топка сладолед.

73. Незабавно карамелено фрапучино

съставки:

- 1/3 чаша лед
- 1/3 чаша мляко
- 1 супена лъжица разтворимо кафе
- 2 супени лъжици карамелен сироп

Упътвания

a) Смесете всички съставки заедно в блендер, докато ледът стане добре натрошен и млякото стане пенливо.

b) Сервирайте веднага.

74. Манго Фрапе

съставки:

- 1 1/2 чаши манго, нарязано
- 4-6 кубчета лед
- 1 чаша мляко
- 1 супена лъжица лимонов сок
- 2 супени лъжици захар
- 1/4 чаена лъжичка екстракт от ванилия

Упътвания

a) Поставете нарязаното манго във фризера за 30 минути

b) Смесете мангото, млякото, захарта, лимоновия сок и ванилията в блендер. Блендирайте до гладка смес.

c) Добавете кубчета лед и обработете, докато кубчетата също станат гладки.

d) Сервирайте веднага.

75. Кафе Капучино

съставки:

- 1/2 чаша разтворимо кафе
- 3/4 чаша захар
- 1 чаша обезмаслено сухо мляко
- 1/2 чаена лъжичка сушена портокалова кора

Упътвания

a) Натрошете изсушената портокалова кора в хаванче
b) Използвайте 2 супени лъжици за всяка чаша гореща вода

76. Капучино шейк

съставки:

- 1 чаша обезмаслено мляко
- 1 1/2 чаена лъжичка разтворимо кафе
- 2 опаковки изкуствен подсладител
- 1/4 от унция аромат на бренди или ром
- 1 щипка канела

Упътвания

a) В блендер смесете мляко, кафе, подсладител и екстракт от бренди или ром.

b) Разбъркайте, докато кафето се разтвори.

c) Сервирайте със щипка канела.

d) За топла напитка затоплете в микровълновата.

77. Кремообразно капучино

съставки:

- 1/4 чаша разтворимо еспресо или разтворимо тъмно печено кафе
- 2 чаши вряща вода
- 1/2 чаша Тежка сметана, разбита
- Канела, индийско орехче или ситно нарязана портокалова кора
- захар

Упътвания

a) Разтворете кафето във вряща вода, изсипете в малки, високи чаши.
b) Пълнене само наполовина.

Добавете тире от:

a) Канела, индийско орехче или ситно нарязана портокалова кора
b) Сложете сметаната в кафето.

78. Замразено капучино

съставки:

- 2 мерителни лъжички замразено кисело мляко с ванилия - разделени
- 1/2 чаша мляко
- 1 супена лъжица шоколад Hershey's на прах
- 1 1/2 чаена лъжичка разтворимо кафе на гранули

Упътвания

a) Поставете 1 мерителна лъжица от замразеното кисело мляко, млякото, шоколада на прах и гранулите кафе в кухненски робот или блендер.

b) Обработвайте 30 секунди или докато стане гладка.

c) Изсипете във висока чаша за сода.

d) Отгоре се залива с останалата топка кисело мляко .

ПЛОДОВО КАФЕ

79. Кафе с малини

съставки:

- 1/4 чаша кафява захар
- Утайка от кафе за 6 чаши обикновено кафе

- 2 супени лъжици екстракт от малина

Упътвания

a) Поставете екстракт от малина в празната кана за кафе
b) Поставете кафява захар и утайка от кафе във филтъра за кафе
c) Добавете 6-те чаши вода до върха и пригответе тенджерата.

80. Коледно кафе

съставки:

- 1 кана кафе (еквивалент на 10 чаши)
- 1/2 чаша захар
- 1/3 чаша вода
- 1/4 чаша неподсладено какао
- 1/4 чаена лъжичка канела
- 1 щипка настъргано индийско орехче
- Разбийте сметана за заливка

Упътвания

a) Пригответе чаша кафе.

b) В среден тиган за сос загрейте вода до слабо кипене. Добавете захарта, какаото, канелата и индийското орехче.

c) Върнете отново на слаб огън за около минута - като разбърквате от време на време.

d) Комбинирайте сместа от кафе и какао/подправки и сервирайте гарнирани с бита сметана.

81. Богато кокосово кафе

съставки:

- 2 чаши Половин и половина
- 15 унции Може крем от кокос
- 4 чаши горещо сварено кафе
- Подсладена бита сметана

Упътвания

a) Оставете половината и половината кокосова сметана да заври в тенджера на среден огън, като бъркате непрекъснато.

b) Разбъркайте кафето.

c) Сервирайте с разбита подсладена сметана.

82. Шоколадово бананово кафе

съставки:

● Направете тенджера с 12 чаши от
  обичайното си кафе

● Добавете 1/2-1 ts p екстракт от банан

● Добавете 1-11/2 ч. л. какао

Упътвания

a) Комбинирайте

b) Толкова просто...и идеално за къща,
   пълна с гости

83. Шварцвалдско кафе

съставки:

- 6 унции Прясно сварено кафе
- 2 супени лъжици шоколадов сироп
- 1 супена лъжица сок от череши Maraschino
- Бита сметана
- Настърган шоколад
- Мараскино череши

Упътвания

a) Комбинирайте кафе, шоколадов сироп и черешов сок в чаша. Смесете добре.

b) Отгоре намажете с разбита сметана шоколадовите стърготини и една череша или 2 бр.

84. Кафе Мараскино

съставки:

- 1 чаша черно кафе
- 1 унция Амарето
- Разбит топинг
- 1 череша Мараскино

Упътвания

a) Напълнете чаша за кафе с горещо черно кафе. Разбъркайте амарето.

b) Отгоре намажете с разбит топинг и череша.

85. Шоколадово бадемово кафе

съставки:

- 1/3 чаша смляно кафе
- 1/4 ч.л. прясно смляно индийско орехче
- 1/2 ч.л. екстракт от шоколад
- 1/2 чаена лъжичка екстракт от бадем
- 1/4 чаша препечени бадеми, нарязани

Упътвания

a) Обработете индийско орехче и кафе, добавете екстракти. Обработете 10 секунди по-дълго. Поставете в купа и разбъркайте в бадеми. Да се съхранява в хладилник.

b) Прави 8 порции от шест унции . За приготвяне: Поставете сместа във филтъра на автоматичната кафемашина с капково капене.

c) Добавете 6 чаши вода и варете

86. Кафе сода поп

съставки:

- 3 чаши охладено кафе с двойна сила
- 1 супена лъжица захар
- 1 чаша Половина и половина
- 4 лъжички (1 пинта) кафе сладолед
- 3/4 чаша охладена сода
- Подсладена бита сметана
- 4 череши мараскино,
- Гарнитура-шоколадови къдрици или какао

Упътвания

a) Комбинирайте сместа от кафе и захар наполовина.
b) Напълнете 4 високи чаши за сода наполовина с кафеената смес
c) Добавете топка сладолед и напълнете чашите догоре със содата.
d) Гарнирайте с разбита сметана, шоколад или какао.
e) Страхотно удоволствие за партита
f) Използвайте безкофеиново кафе за партита с младежи

87. виенско кафе

съставки:

- 2/3 чаша сухо разтворимо кафе
- 2/3 чаша захар
- 3/4 чаша немлечна сметана на прах
- 1/2 ч. л. канела
- Настържете смлян бахар, карамфил и индийско орехче.

Упътвания

a) Смесете всички съставки заедно и съхранявайте в херметически затворен буркан.
b) Смесете 4 супени лъжици с една чаша гореща вода.
c) Това прави прекрасен подарък.
d) Поставете всички съставки в буркан за консервиране.
e) Украсете с панделка и закачете етикет.
f) Етикетът трябва да съдържа инструкциите за смесване, написани върху него.

88. Еспресо Романо

съставки:

- 1/4 чаша фино смляно кафе
- 1 1/2 чаши студена вода
- 2 ленти лимонова кора

Упътвания

a) Поставете смляно кафе във филтъра на кана за капково кафе
b) Добавете вода и варете според инструкциите за машинно варене
c) Добавете лимон към всяка чаша
d) Сервирайте

КАФЕ СМЕСИ

89. Кафе Au Lait

съставки:

- 1 чаша мляко
- 1 чаша лек крем
- 3 супени лъжици разтворимо кафе
- 2 чаши вряща вода

Упътвания

a) На слаб огън загрейте млякото и сметаната до горещо. Междувременно разтворете кафето във вряща вода. Преди сервиране разбийте млечната смес с ротационна бъркалка до получаване на пяна. Изсипете млечната смес в затоплена кана, а кафето в отделна кана.

b) За сервиране: Напълнете чаши, като наливате от двете кани едновременно, като карате струите да се срещат, докато наливате.

c) Това кафе прави чудесно представяне, както и вкусна услуга.

90. Инстантно оранжево капучино

съставки:

- 1/3 чаша безмлечна сметана на прах
- 1/3 чаша захар
- 1/4 Сухо разтворимо кафе
- 1 или 2 портокалови твърди бонбона (натрошени)

Упътвания

a) Смесете всички съставки заедно в миксер.
b) Смесете 1 супена лъжица с 3/4 чаша гореща вода.
c) Съхранявайте в херметически затворен буркан.

91. Мока микс в швейцарски стил

съставки:

- 1/2 чаша разтворимо кафе на гранули
- 1/2 чаша захар
- 2 супени лъжици какао
- 1 чаша обезмаслено сухо мляко на прах

Упътвания

a) Комбинирайте всичко и разбъркайте добре. Съхранявайте сместа в херметически затворен контейнер.

b) За всяка порция:

c) Поставете 1 супена лъжица + 1 ч.л. от сместа в чаша.

d) Добавете 1 чаша вряща вода и разбъркайте добре.

92. Разтворимо кремообразно ирландско кафе

съставки:

- 1 1/2 чаша топла вода
- 1 супена лъжица разтворимо кафе на кристали
- 1/4 чаша ирландско уиски
- Кафява захар на вкус
- Разбит топинг

Упътвания

a) В мярка за 2 чаши комбинирайте вода и разтворимо кафе на кристали. Микровълнова, без капак, на 100% мощност около 4 минути или само докато запари.

b) Разбъркайте ирландското уиски и кафявата захар. Сервирайте в чаши.

c) Покрийте всяка чаша с разбит топинг.

93. Смес от кафе мока

съставки:

- 1/4 чаша сметана без мляко на прах
- 1/3 чаша захар
- 1/4 чаша сухо разтворимо кафе
- 2 супени лъжици. какао

Упътвания

a) Поставете всички съставки в миксер, разбийте на висока степен, докато се смесят добре. Смесете 1 1/2 супени лъжици

b) с чаша гореща вода.

c) Съхранявайте в херметически затворен буркан. Като буркан за консервиране.

94. Мока разтворимо кафе

съставки:

- 1 чаша разтворимо кафе на кристали
- 1 чаша горещ шоколад или какаов микс
- 1 чаша немлечна сметана
- 1/2 чаша захар

Упътвания

a) Комбинирайте всички съставки; разбъркайте старателно. Съхранявайте в плътно затворен буркан. Опитайте буркан за консервиране.

b) За сервиране: Поставете 1 1/2 - 2 супени лъжици в чаша или халба.

c) Разбъркайте във вряща вода, за да напълните чашата.

d) Прави 3 1/2 чаши кафе микс или около 25 или повече порции.

95. Микс за виенско кафе

съставки:

- 2/3 чаша (малко) сухо разтворимо кафе
- 2/3 чаша захар
- 3/4 чаша сметана без мляко на прах
- 1/2 ч. л. канела
- тире Смлян бахар
- тире Карамфил
- тире индийско орехче

Упътвания

a) Смесете всички съставки и съхранявайте в херметически затворен буркан.

b) Смесете 4 супени лъжици с 1 чаша гореща вода.

96. Микс за нощно кафе

съставки:

- 2/3 чаша безмлечна сметана за кафе
- 1/3 чаша разтворимо безкофеиново кафе на гранули
- 1/3 чаша гранулирана захар
- 1 ч.л. Смлян кардамон
- 1/2 ч.л. смляна канела

Упътвания

a) Комбинирайте всички съставки в средна купа; разбъркайте, докато се смесят добре.

b) Съхранявайте в херметически затворен контейнер. Добива 1 1/3 чаши кафе смес

c) Лъжица 1 препълнена супена лъжица смес за кафе в 8 унции гореща вода. Разбъркайте, докато се смесят добре.

97. Капучино микс

съставки:

- 6 ч.л. разтворимо кафе
- 4 супени лъжици неподсладено какао
- 1 ч.л. смляна канела
- 5 супени лъжици захар
- Бита сметана

Упътвания

a) Смесете всички съставки.

b) За да направите една порция кафе, използвайте 1 супена лъжица смес и я поставете в голяма чаша; залейте с $1\frac{1}{2}$ чаша вряща вода и разбъркайте.

c) Отгоре намажете с разбита сметана

98. Кафе капучино микс

съставки:

- 1/2 чаша разтворимо кафе
- 3/4 чаша захар
- 1 чаша обезмаслено сухо мляко
- 1/2 ч.л. изсушена портокалова кора

Упътвания

a) Смелете изсушената портокалова кора с хаванче. Разбъркайте заедно всички съставки.

b) Използвайте блендер, за да смесите, докато стане на прах.

c) За всяка порция:

d) Използвайте 2 супени лъжици за всяка чаша гореща вода.

e) Прави около 2 1/4 чаши смес.

99. Кафе Луизиана с мляко

съставки:

- 2 чаши мляко
- захар
- 1 чаша кафе Луизиана

Упътвания

a) Поставете мляко в тенджера; оставете да заври.

b) Налейте горещо прясно сварено кафе и мляко едновременно в чаши; подсладете със захар на вкус.

100. Кафе от Западна Индия

съставки:

- 3 1/2 чаши пълномаслено мляко
- 1/4 чаша разтворимо кафе
- 1/4 чаша кафява захар
- 1 тире сол

Упътвания

a) Поставете разтворимото кафе, кафявата захар и солта в чашата си.

b) Оставете млякото внимателно да започне да кипи. Разбъркайте, за да се разтвори.

c) Сервирайте в тежки чаши.

d) Прави 4 порции.

ЗАКЛЮЧЕНИЕ

Има милиони хора, които просто обичат вкуса на кафето. Този вкус е различен за всеки пияч на кафе поради огромното разнообразие от вкусове, печени кафета и разновидности, предлагани на пазара. Някои хора харесват дълбок вкус на тъмно кафе, докато други харесват по-леко изпечено кафе, което е гладко и меко. Независимо от вкуса, хората са привлечени от сутрешната си чаша кафе. Основните причини, поради които хората пият кафе, са толкова разнообразни, колкото и видовете кафе, достъпни за пиене. Независимо от причините, поради които хората пият кафе, то е на второ място след водата по консумация и всеки ден броят на пиещите кафе нараства неимоверно, добавяйки своите собствени причини да го пият към списъка.

Ако сте ентусиаст на кафето или сте новопокръстен, тази готварска книга ще извърви дълъг път към задълбочаване на любовта ви към кафето!

Приятно варене!